普速区段主要行车岗位人员技能培训手册

列　车　长

成都铁路局职工教育处　编

中 国 铁 道 出 版 社

2010年·北　京

图书在版编目(CIP)数据

列车长/成都铁路局职工教育处编. —北京:中国铁道出版社,2010.10
(普速区段主要行车岗位人员技能培训手册)
ISBN 978-7-113-11975-1

Ⅰ.①列… Ⅱ.①成… Ⅲ.①铁路运输:旅客运输—技术培训—教材 Ⅳ.①U293

中国版本图书馆CIP数据核字(2010)第192571号

书　　名:普速区段主要行车岗位人员技能培训手册
列　车　长
作　　者:成都铁路局职工教育处　编
责任编辑:聂宏伟
封面设计:崔　欣
出版发行:中国铁道出版社
(100054,北京市宣武区右安门西街8号)
印　　刷:北京鑫正大印刷有限公司
版　　次:2010年10月第1版
2010年10月第1次印刷
开　　本:787×1092　1/64　印张:2.625　字数:47千
书　　号:ISBN 978-7-113-11975-1
定　　价:9.00元

前　言

为加强主要行车岗位人员技能培训，不断提高职工岗位作业水平，适应铁路快速发展及运输安全新要求，成都铁路局职工教育处会同各业务处和相关单位，按照“必知、必会、必干”的原则组织编写了《普速区段主要行车岗位人员技能培训手册》。

本套培训手册共分列车调度员、车站值班员、列车长、货运检查员、线路工、桥隧工、钢轨探伤工、轨道车司机、信号工（含有高速区段的部分内容）、接触网工、牵引变电所值班员等11个分册，分别由张朝洪、钟浩然、胡发龙、王小春、朱志强、唐赫、解丽艳、黄英、翟鹏、李兴林、黄河、苏兴华、刘兴志、蔡莉、龙晏强、蔡勇、童建明、黄汉全、雷管仲、郭新民、黄宁、杨静、张健、陈钢、陈泽镜、朱小军、衡敏燕、何祥照、苏夏军、薛峰、谢喜等同志编审，在此深表谢意！

本套培训手册适用于相关岗位人员技术业务培训及车间、班组业务学习和职工自学，同时，也可供专业学历教育参考。需要特别说明的是，本套培训手册仅作为职工培训学习使用，不能替代岗位作业指导书。由于编写时间仓促，不足之处在所难免，敬请广大干部职工提出宝贵意见，以便进一步修改完善。

成都铁路局职工教育处

二〇一〇年六月

目　录

第一部分　客运规章基础知识

第二部分　列车长乘务作业标准

第三部分　非正常情况应急处理

第一部分

客运规章基础知识

一、《铁路旅客运输规程》知识

（一）基本知识

1. 为了维护铁路旅客运输的正常秩序，保护铁路旅客运输合同各方当事人的合法权益，依据《中华人民共和国铁路法》制订《铁路旅客运输规程》（以下简称《客规》）。

2. 《客规》适用于中华人民共和国境内的铁路旅客和行李、包裹公共运输。

3. 下列用语在规程内的意义：

承运人：与旅客或托运人签有运输合同的铁路运输企业。铁路车站、列车及与运营有关人员在执行职务中的行为代表承运人。

旅客：持有铁路有效乘车凭证的人和同行的免费乘车儿童。根据铁路货物运输合同押运货物的人视为旅客。

托运人：委托承运人运输行李或小件货物并与其签有行李包裹运输合同的人。

收货人：凭有效领取凭证领收行李、包裹的人。

直达票：从发站至到站不需中转换乘的车票。

通票：从发站至到站需中转换乘的车票。

改签：旅客变更乘车日期、车次、席（铺）位时需办理的签证手续。

等级：同等距离以承运人提供的乘车条件不同确定。

客运记录：指在旅客或行李、包裹运输过程中因特殊情况，承运人与旅客、托运人、收货人之间需记载某种事项或车站与列车之间办理业务交接的文字凭证。

时间：以北京时间为准，从零时起计算，实行24 h制。

（二）旅客运输

1. 铁路旅客运输合同

（1）铁路旅客运输合同是明确承运人与旅客之间权利义务关系的协议。起运地承运人依据《客规》订立的旅客运输合同对所涉及的承运人具有同等约束力。铁路旅客运输合同从售出车票时起成立，至按票面规定运输结束旅客出站时止，为合同履行完毕。旅客运输的运送期间自检票进站起至到站出站时止计算。

（2）旅客的基本权利和义务。

权利：

①依据车票票面记载的内容乘车；

②要求承运人提供与车票等级相适应的服务并保障其旅行安全；

③对运送期间发生的身体损害有权要求承运人赔偿；

④对运送期间因承运人过错造成的随身携带物品损失有权要求承运人赔偿。

义务：

①支付运输费用，当场核对票、款，妥善保管车票，保持票面信息完整可识别；

②遵守国家法令和铁路运输规章制度，听从铁路车站、列车工作人员的引导，按照车站的引导标志进、出站；

③爱护铁路设备、设施，维护公共秩序和运输安全；

④对所造成铁路或者其他旅客的损失予以赔偿。

（3）承运人的基本权利和义务。

权利：

①依照规定收取运输费用；

②要求旅客遵守国家法令和铁路规章制度，保证安全；

③对损害他人利益和铁路设备、设施的行为有权制止、消除危险和要求赔偿。

义务：

①确保旅客运输安全正点；

②为旅客提供良好的旅行环境和服务设施，不断提高服务质量，文明礼貌地为旅客服务；

③对运送期间发生的旅客身体损害予以赔偿；

④对运送期间因承运人过错造成的旅客随身携带物品损失予以赔偿。

2. 车　票

（1）车票是旅客乘车的凭证，同时也是旅客加入铁路旅客意外伤害强制保险的凭证。车票中包括客票和附加票两部分。客票部分为软座、硬座。附加票部分为加快票、卧铺票、空调票。附加票是客票的补充部分，可以与客票合并发售，但除儿童外不能单独使用。

（2）车票票面（特殊票种除外）主要应当载明：

①发站和到站站名；

②座别、卧别；

③径路；

④票价；

⑤车次；

⑥乘车日期；

⑦有效期。

3. 售票与购票

（1）车票应在乘运人或销售代理

人的售票处购买。在有运输能力的情况下，承运人或销售代理人应按购票人的要求发售车票。

（2）发售软座客票时最远至本次列车终点站。旅客在乘车区间中，要求一段乘坐硬座车，一段乘坐软座车时，全程发售硬座客票。乘坐软座时，另收软座区间的软、硬座票价差额。

（3）旅客购买加快票必须有软座或硬座客票。发售加快票的到站，必须是所乘快车或特别快车的停车站。发售需要中转换车的加快票的中转站还必须是有同等级快车始发的车站。

（4）旅客购买卧铺票时，卧铺票的到站、座别必须与客票的到站、座别相同，但对持通票的旅客，卧铺票只发售到中转站。购买卧铺票的旅客要求在中途站开始乘车时，售票员须在客票背面签注某站上车，加盖站名戳，并在“中途预留卧铺通知单”上注明，以便通知列车预留。

（5）旅客乘坐提供空调的列车时，应购买相应等级的车票或空调票。旅客在全部旅途中分别乘坐空调车和普通车时，可发售全程普通硬座车票，对乘坐空调车区段另行核收空调车与普通车的票价差额。

（6）承运人一般不接受儿童单独旅行（乘火车通学的学生和承运人同意在旅途中监护的除外）。随同成人旅行身高1.2～1.5 m的儿童，享受半价客票、加快票和空调票。超过1.5 m时应买全价票，每一成人旅客可免费携带一名身高不足1.2 m的儿童，超过一名时，超过的人数应买儿童票。儿童票的座别应与成人车票相同，其到站不得远于成人车票的到站。免费乘车的儿童单独使用卧铺时，应购买全价卧铺票，有空调时还应购买半价空调票。

（7）在普通大专院校，军事院校，中、小学和中等专业学校、技工学校就读，没有工资收入的学生、研究生，家庭居住地和学校不在同一城市时，凭附有加盖院校公章的减价优待证的学生证（小学生凭书面证明），每年可享受家庭至院校（实习地点）之间四次单程半价硬座客票、加快票、空调票。新生凭录取通知书、毕业生凭学校书面证明可买一次学生票。华侨学生和港澳台学生按照上述规定同样办理。发售学生票时应以近径路或换乘次数少的列车发售。

以下情况不能发售学生票：

①学校所在地有学生父或母其中一

方时；

②学生因休学、复学、转学、退学时；

③学生往返与学校与实习地点时；

④学生证未按时办理学校注册的；

⑤学生证优惠乘车区间更改但未加盖学校公章的；

⑥没有“学生火车票优惠卡”、“学生火车票优惠卡”不能识别或者与学生证记载不一致的。

（8）中国人民解放军和中国人民武装警察部队因伤致残的军人凭“中华人民共和国残疾军人证”、因公致残的人民警察凭“中华人民共和国伤残人民警察证”享受半价的软座、硬座客票和附加票。

“中华人民共和国残疾军人证”和“中华人民共和国伤残人民警察证”由

国家有关部门颁发，铁路运输企业有权进行核对。

（9）20 人以上乘车日期、车次、到站、座别相同的旅客可作为团体旅客，承运人应优先安排；如填发代用票时除代用票持票本人外，每人另发一张团体旅客证。

（10）在无人售票的乘降所上车的人员，可在列车内购票，不收手续费。

4. 车票的有效期

（1）直达票当日当次有效，但下列情形除外：

①全程在铁路运输企业管内运行的动车组列车车票有效期由企业自定。

②有效期有不同规定的其他票种。

通票的有效期按乘车里程计算：1 000 km为 2 日，超过1 000 km的，每增加1 000 km增加 1 日，不足1 000 km的尾数按 1 日计算；自指定乘车日起至有效期最后一日的 24 时止。

（2）遇有下列情况可延长通票的有效期：

①因列车满员、晚点、停运等原因，使旅客在规定的有效期内不能到达到站时，车站可视实际需要延长通票的有效期。延长日数从通票有效期终了的次日起计算。

②旅客因病中途下车、恢复旅行时，在通票有效期内，出具医疗单位证明或经车站证实时，可按医疗日数延长有效期，但最多不超过 10 天；卧铺票不办理延长，可办理退票手续；同行人同样办理。

5. 乘车条件

（1）旅客须按票面载明的日期、车次、席别乘车，并在票面规定有效期内到达到站。

持通票的旅客中转换乘时，应当办理中转签证手续。

（2）持通票的旅客在乘车途中客票有效期终了、要求继续乘车时，应自有效期终了站或最近前方停车站起，另行补票，核收手续费。定期票可按有效使用至到站。

（3）对乘坐卧票的旅客，列车可以收取车票并予集中保管。收取车票时，应当换发卧铺证；旅客下车前，凭卧铺证换回车票。成人带儿童或儿童与儿童可共用一个卧铺。

（4）除特殊情况并经列车长同意外，持低票价席别车票的旅客不能在高票价席别的车厢停留。

（5）烈性传染病患者、精神病患者或健康状况危及他人安全的旅客，站、车可以不予运送；已购车票按旅客退票的有关规定处理。

6. 变　更

（1）旅客不能按票面指定的日期、车次乘车时，应当在票面指定的日期、车次开车前办理一次提前或推迟乘车签证手续，特殊情况经站长同意可在开车后2 h内办理。团体旅客不应晚于开车前48 h。在车站售票预售期内且有运输能力的前提下，车站应予办理，收回原车票，换发新车票，并在新车票票面注明“始发改签”字样（特殊情况在开车后改签的注明“开车后改签不予退票”字样）；原车票已托运行李的，在新车票背面注明“原票已托运行李”字样并加盖站名戳。

必要时，铁路运输企业可以临时调整改签办法。

(2) 旅客在发站办理改签时，改签后的车次票价高于原票价时，核收票价差额；改签后的车次票价低于原票价时，退还票价差额。旅客办理中转签证或在列车上办理补签、变更席（铺）位时，签证或变更后的车次、席（铺）位票价高于原票价时，核收票价差额；签证或变更后的车次、席（铺）位票价低于原票价时，票价差额部分不予退还。

(3) 因承运人责任使旅客不能按票面记载的日期、车次、座别、铺别乘车时，站、车应重新妥善安排。重新安排的列车、座席、铺位高于原票等级时，超过部分票价不予补收。低于原票等级时，应退还票价差额，不收退票费。

(4) 持通票的旅客在中转站和列

车上要求变更径路时，必须在通票有效期能够到达到站时方可办理。办理时，原票价低于变径后的票价时，应补收新旧路径里程票价差额，核收手续费；原票价高于或相等于变更后的径路票价时，持原票乘车有效，差额部分（包括列车等级不符的差额）不予退还。

（5）旅客在车票到站前要求越过到站继续乘车时，在有运输能力的情况下列车应予以办理。核收越站区间的票价和手续费。

（6）两名以上旅客共持一张代用票要求办理分票手续时，站、车应予以办理。办理时按分票的张数核收手续费。

7. 误售、误购、误乘的处理

（1）发生车票误售、误购时，在发站应换发新票。在中途站、原票到站或列车内应补收票价时，换发代用票，补收票价差额。应退还票价时，站、车应编制客运记录交旅客，作为乘车至正当到站要求退还票价差额的凭证，并应以最方便的列车将旅客运送至正当到站，均不收取手续费或退票费。

(2) 因误售、误购或误乘需送回时，承运人应免费将旅客送回。在免费送回区间，旅客不得中途下车。如中途下车，对往返乘车区间补收票价，核收手续费。

(3) 由于误售、误购、误乘或坐过了站在原通票有效期不能到达到站时，应根据折返站至正当到站间的里程，重新计算通票有效期。

8. 丢失车票的处理

旅客丢失车票应另行购票。在列车上应自丢失站起（不能判明时从列车始发站起）补收票价，核收手续费。旅客补票后又找到原票时，列车长应编制客运记录交旅客，作为在到站出站前向到站要求退还后补票价的依据。退票核收退票费。

9. 不符合乘车条件的处理

（1）有以下行为时，除按规定补票，核收手续费以外，铁路运输企业有权对其身份进行登记，并须加收已乘区间应补票价 50% 的票款：

①无票乘车时，补收自乘车站（不能判明时自始发站）起至到站止车票票价。持失效车票乘车按无票处理。

②持用伪造或涂改的车票乘车时，除按无票处理外并送交公安部门处理。

③持站台票上车并在开车 20 min 后仍不声明时，按无票处理。

④持用低等级的车票乘坐高等级列

车、铺位、座席时，补收所乘区间的票价差额。

⑤旅客持半价票没有规定的减价凭证或不符合减价条件时，补收全价票价与半价票价的差额。

（2）有下列情况时补收票价，核收手续费：

①应买票而未买票的儿童按《客规》第十九条规定补收票价。身高超过1.5 m的儿童使用儿童票乘车时，应补收儿童票价与全价票价的差额。

②持站台票上车送客未下车但及时声明时，补收至前方下车站的票款。

③主动补票或者经站、车同意上车补票的。

下列情况只核收手续费，但已经使用至到站的除外：

①旅客在票面指定的日期、车次开

车前乘车的，应补签。

②旅客所持车票日期、车次相符但未经车站剪口的，应补剪。

③持通票的旅客中转换乘应签证而未签证的，应补签。

10. 拒绝运送和运输合同的终止

（1）对无票乘车而又拒绝补票的人，列车长可责令其下车并应编制客运记录交县、市所在地车站或三等以上车站处理（其到站近于上述到站时应交到站处理）。车站对列车移交或本站发现的上述人员应追补应收和加收的票款，核收手续费。

（2）对违反国家法律、法规，在站内、列车内寻衅滋事、扰乱公共秩序的人，站、车均可拒绝其上车或责令其下车；情节严重的送交公安部门处理；对未使用至到站的票价不予退还，并在票背面作相应的记载，运输合同即行终止。

11. 退　票

（1）旅客要求退票时，按下列规定办理，核收退票费：

①旅客退票必须在购买地车站或票面发站办理。

②在发站开车前，特殊情况也可在开车后 2 h 内，退还全部票价。团体旅客必须在开车 48 h 以前办理。

③旅客开始旅行后不能退票。但如因伤、病不能继续旅行时，经站、车证实，可退还已收票价与已乘区间票价差额。已乘区间不足起码里程时，按起码里程计算；同行人同样办理。

④退还带有㊔字戳记的车票时，应先办理行李变更手续。

⑤因特殊情况经站长同意在开车后 2 h内改签的车票不退。

⑥站台票售出不退。

（2）因乘运人责任致使旅客退票时按下列规定办理，不收退票费：

①在发站，退还全部票价。

②在中途站，退还已收票价与已乘区间票价差额，已乘区间不足起码里程时，退还全部票价。

③在到站，退还已收票价与已使用部分票价差额，未使用部分不足起码里程按起码里程计算。

④空调列车因空调设备故障在运行过程中不能修复时，应退还未使用区间的空调票价。

（3）发生线路中断旅客要求退票时，在发站（包括中断运输站返回发站的）退还全部票价，在中途站退还已收票价与已乘区间票价差额，不收退票费，但因违章加收的部分和已使用至到站的车票不退。如线路中断系承运人责任时，按承运人责任致使旅客退票办理。

12. 携带品

（1）旅客携带品由自己负责看管。每人免费携带品的重量和体积是：

儿童（含免费儿童）10 kg，外交人员35 kg，其他旅客20 kg。每件物品外部尺寸长、宽、高之和不超过160 cm，杆状物品不超过200 cm，但乘坐动车组列车不超过130 cm；重量不超过20 kg。残疾人旅行时代步的折叠式轮椅可免费携带并不计入上述范围。

（2）下列物品不得带入车内：

①国家禁止或限制运输的物品；

②法律、法规、规章中规定的危险品、弹药和承运人不能判明性质的化工产品；

③动物及妨碍公共卫生（包括有恶臭等异味）的物品；

④能够损坏或污染车辆的物品；

⑤规格或重量超过免费携带品的重量和体积的物品。

为方便旅客的旅行生活，限量携带下列物品：

①气体打火机 5 个，安全火柴 20 小盒。

②不超过 20 ml 的指甲油、去光剂、染发剂。不超过 100 ml 的酒精、冷烫精。不超过 600 ml 的摩丝、发胶、卫生杀虫剂、空气清新剂。

③军人、武警、公安人员、民兵、猎人凭法规规定的持枪证明佩带的枪支子弹。

④初生雏 20 只。

（3）旅客违章携带物品按下列规

定处理：

①在发站禁止进站上车。

②在车内或下车站，对超过免费重量的物品，其超重部分应补收四类包裹运费。对不可分拆的整件超重、超大物品、动物，按该件全部重量补收上车站至下车站四类包裹运费。

③发现危险品或国家禁止、限制运输的物品，妨碍公共卫生的物品，损坏或污染车辆的物品，按该件全部重量加倍补收乘车站至下车站四类包裹运费。危险物品交前方停车站处理，必要时移交公安部门处理。对有必要就地销毁的危险品应就地销毁，使之不能为害并不承担任何赔偿责任。没收危险品时，应向被没收人出具书面证明。

④如旅客超重、超大的物品价值低于运费时，可按物品价值的 50% 核收

运费。

⑤补收运费时，不得超过本次列车的始发和终点站。

13. 旅客遗失物品的处理

对旅客的遗失物品应设法归还原主。如旅客已经下车，应编制客运记录，注明品名、件数等移交下车站。不能判明时，移交列车终点站。

（三）行李、包裹运输

1. 行李、包裹运输合同

（1）铁路行李包裹运输合同是承运人和托运人、收货人之间明确行李、包裹运输权利义务关系的协议。行李、包裹运输合同的基本凭证是行李票、包裹票。

（2）行李票、包裹票主要应当载明：

①发站和到站；

②托运人、收货人的姓名、地址、联系电话、邮政编码；

③行李和包裹的品名、包装、件数、重量；

④运费；

⑤声明价格；

⑥承运日期、运到期限、承运站站名戳及经办人员名章。

（3）行李、包裹运输合同自承运人接收行李、包裹并填发行李票、包裹票时起成立，到行李、包裹运至到站交付给收货人止履行完毕。

（4）托运人的基本权利和义务：

权利：

①要求承运人将行李、包裹按期、完好地运至目的地；

②行李、包裹灭失、损坏、变质、

污染时要求赔偿。

义务：

①缴纳运输费用，完整、准确填写托运单，遵守国家有关法令及铁路规章制度，维护铁路运输安全；

②因自身过错给承运人或其他托运人、收货人造成损失时应负赔偿责任。

（5）承运人的基本权利和义务：

权利：

①按规定收取运输费用，要求托运的物品符合国家政策法令和铁路规章制度。对托运的物品进行安全检查，对不符合托运条件的物品拒绝承运。

②因托运人、收货人的责任给他人或承运人造成损失时向责任人要求赔偿。

义务：

①为托运人提供方便、快捷的运输

条件，将行李、包裹安全、及时、准确运送到目的地；

②行李、包裹从承运后至交付前，发生灭失、损坏、变质、污染时，负赔偿责任。

2. 行李的范围

（1）行李是指旅客自用的被褥、衣服、个人阅读的书籍、残疾人车和其他旅行必需品。

（2）行李中不得夹带货币、证券、珍贵文物、金银珠宝、档案材料等贵重物品和国家禁止、限制运输物品、危险品。

（3）行李每件的最大重量为50 kg。体积以适与装入行李车为限，但最小不得小于0.01 m^3。行李应随旅客所乘列车运送或提前运送。

3. 包裹的范围

（1）包裹是指适合在旅客列车行李车内运输的小件货物。包裹分为四类：

一类包裹：自发刊日起5日以内的报纸；中央、省级政府宣传用非卖品；新闻图片和中、小学生课本。

二类包裹：抢险救灾物资，书刊，鲜或冻鱼介类、肉、蛋、奶类、果蔬类。

三类包裹：不属于一、二、四类包裹的物品。

四类包裹：

①一级运输包装的放射性同位素、油样箱、摩托车；

②泡沫塑料及其制品；

③国务院铁路主管部门指定的其他需要特殊运输条件的物品。

包裹每件体积、重量和行李相同。

（2）运输超过包裹规定重量和四

类包裹中3项品名的物品时，应经调度命令或上级书面运输命令批准。铁路运输企业可制定管内包裹运输的范围。

（3）不能按包裹运输的物品：

①尸体、尸骨、骨灰、灵柩及易于污染、损坏车辆的物品；

②蛇、猛兽和每头超过20 kg的活动物（警犬和运输命令指定运输的动物除外）；

③国务院及国务院铁路主管部门颁发的有关危险品管理规定中规定的危险品、弹药以及承运人不明性质的化工产品；

④国家禁止运输的物品和不适于装入行李车的物品。

4. 行李、包裹的托运与承运

（1）旅客在乘车区间内凭有效客票每张可托运一次行李，残疾人车不限次数。

(2) 托运下列物品时，托运人应提供规定部门签发的运输证明：

①金银珠宝、贵重文物、货币、证券、枪支；

②警犬和国家法律保护的动物；

③省级以上政府宣传用非卖品；

④国家有关部门规定的免检物品；

⑤国家限制运输的物品；

⑥承运人认为应提供证明的其他物品。

托运动、植物时应有动、植物检疫部门的检疫证明。

托运反射性物品、油样箱时，应按照国务院铁路主管部门的规定提出剂量证明书、油样箱使用证。

5. 保价运输

(1) 行李、包裹分为保价运输和

不保价运输，托运人可选择其中一种运输方式。

（2）按保价运输时，可分件声明价格，也可按一批全部件数声明价格。按一批办理时，不得只保其中一部分。

（3）按保价运输的行李、包裹核收保价费。一段按行李、一段按包裹托运时，全程按行李核收保价费。保价的行李、包裹发生运输变更时，保价费不补不退。因承运人责任造成的取消托运时，保价费全部退还。

（4）承运人对按保价运输的行李、包裹可以检查其声明价格与实际价格是否相符；如拒绝检查，承运人可以拒绝按保价运输承运。

6. 变更运输

（1）托运人在办理托运手续后，可按如下规定办理一次行李、包裹变更手续（鲜活包裹不办理变更），核收变更手续费：

①在发站装车前取消托运时，退还全部运费。

②装运后要求运回发站或变更到站的（行李只办理运回发站或中止旅行站），补收或退还已收运费与实际运送区间里程通算的运费差额。

③旅客在发站停止旅行，要求仍将行李运至到站时，按包裹收费，应补收发站至到站的包裹与行李运费的差额。

（2）办理变更运输后产生的杂费按实际产生的核收。如已收运费低于已产生的杂费时，则不补收杂费也不退还运费。但因误售误购客票产生的行李变更时，不收变更手续费。

7. 品名、重量不符及无票运输的处理

（1）发现品名不符时，在发站，应补收已收运费与正当运费的差额；在到站，加收应收运费与已收运费差额两倍的运费。到站发现重量不符应退还时，退还多收部分的运费。应补收时，只补收超重部分正当运费。如将国家禁止、限制运输的物品或危险品伪报其他品名托运时，在发站取消托运，在中途站停止运送（在列车上发现危险品交前方停车站），均通知有关部门和托运人处理，已收运费不退，按四类包裹另行补收运输区段的运费及保管费。

（2）发现无票运输的物品，按实际运送区间加倍补收四类包裹运费。

二、《铁路旅客运输管理规则》知识

(一)运输组织

1. 旅客计划运输组织工作要立足

全局做好长短途旅客列车合理分工，充分发挥旅客运输能力的最佳效能，均衡地运送旅客。

2. 旅客运输计划是旅客计划运输组织工作的前提，是确定客运设备、客运机车车辆修造计划及客运运营支出计划的重要依据。按执行期限的不同，可分为长远计划、年度计划和日常计划三种形式。主要内容：旅客运输量（客运量）、旅客发送量、旅客周转量、旅客平均行程。

长远计划、年度计划由铁道部编制，所需客流资料各铁路局统计部门提供。客流调查一般以车站为主，在车站吸引区范围内进行。调查形式分为综合调查、节假日调查、日常调查三种，以日常调查为主。

3. 票额分配计划是旅客运输能力

的运用计划，于新列车运行图实行前编制并与新运行图同时实行。实行过程中，可视客流变化，图定列车数量、编组、运行区段变化情况进行局部调整。

4. 列车定员计算

（1）硬座：

标记定员：各硬座车厢标记定员的总和。

实际定员：总标记定员减 10 个座位（办公席等占用。新型车标记定员不包含办公席在内时，其实际定员即为标记定员）。

超成定员：实际定员与实际定员乘以规定超员率之和。

（2）软座和软、硬卧定员均按标记定员计算（宿营车除外）。软、硬卧车代用软、硬座车时，软卧每一下铺按 3 人、硬卧每一下铺按 4 人计算，不再加超员率，上铺均禁止出售，中铺吊起固定。

（3）棚车代用客车时，每吨位按1.5人计算定员。

（4）旅客运输能力不足时，在确保安全、正点和服务质量的前提下，硬座车厢允许超员运输，超员率由铁道部制定。优质优价列车、直达特别快车全程不得超员。铁路局管内旅客列车的超员率参照上述同等级列车的规定由铁路局制定。

（二）乘务管理

1. 乘务组

（1）旅客列车乘务组由客运、车辆、公安乘务人员组成。列车的乘务工作由列车长统一领导，车辆、公安乘务人员按照各自的职责规定，配合列车长共同搞好乘务工作。

（2）列车乘务（包乘、轮乘）制度的确定，应有利于服务质量的提高，车辆设备的保养及劳力合理使用。

2. 乘务组工作职责

（1）乘务组工作职责：

①使车内经常保持整齐清洁、设备良好、湿度适宜、照明充足；

②通告站名，组织旅客安全乘降，及时妥善安排旅客座席、铺位；

③对老、幼、病、残、孕、首长、外宾等重点旅客做到重点照顾；

④维护车内秩序，保证安全正点；

⑤做好饮食供应工作。

（2）乘务员在本段出乘时，要按规定时间由列车长带队到派班室报到，听取派班员传达有关事项。列车长并应摘抄有关电报、命令、指示。到达折返站或由折返站出乘时，列车长必须向当地客运（列车）段派班室报告乘务工作，接受任务。

每次乘务终了，列车长应召开班组会议，总结并向派班室汇报往返乘务工作情况，提出书面乘务报告。

（3）列车长每次出乘前应编制趟计划，趟计划在乘务报告中显示，其主要内容有：

①本次乘务工作中的重点工作安排；

②对贯彻上级规章、命令、指示、通知的具体措施；

③上次乘务工作中的优缺点及改进措施；

④针对接车所发现的问题，应采取的措施。

（4）列车内应检验车票。检票由

列车长负责，乘警、列车员协助。检验过的车票应用列车专用票剪加剪，但另有规定者除外。检票次数原则每400 km一次，不足400 km的列车每单程不得少于一次。无票人员多的区段可以多次。

（5）旅客列车在运行中遇有铁道部长、运输局长、铁路局长以及客运系统监察人员乘车时，列车长应提出乘务报告，汇报工作，接受指导。对部、局、车辆、公安、卫生、安全监察、收入部门领导乘车时，列车长应口头汇报工作，接受指导。

运行在外局时，应接受所在局的检查指导，服从调度指挥。

3. 列车行包运输

（1）列车长于出乘前向行李员传达有关命令、指示、通知。行李员应检查备品，主动与车站联系，掌握行包装车情况，根据运输规律，划定货位，有计划地装车。

（2）列车行李员应正确统计行包装载数量、重量，填写列车行包密度表，及时向前方站预报，充分利用运输能力，并组织快装快卸，维护列车正点运行。

（3）遇有押运人员，要检查车票、包裹票，在押运人员登记簿上登记姓名、单位，并主动介绍安全注意事项。

（4）公文交接要坚持确认到站，检查封印、包装，清点件数的制度，一般公文按到站分存，贵重品、保密文件应加锁保管。

（三）旅行服务管理

1. 旅行服务

（1）旅行服务工作的任务是满足

旅客在旅行中吃、住、行、购、娱等多方面的需求。旅行服务要向多元化、多功能、多层次的一条龙服务发展。

（2）旅行服务工作由主管旅行服务的客运部门统一实行专业化管理，财务单独核算。厨师、餐车长、服务员等工种的技术等级采用国家规定标准。旅行服务工作应面向市场，采取灵活的经营方式，参与市场竞争，以满足旅客不同消费水平的需求，实行良好的社会效益和经济效益。站、车饮食供应应发展具有特色的快餐。快餐饭盒须回收或采用易于降解的材料，以保护铁路沿线的环境。

（3）铁路站、车饮食供应自制品毛利率由铁路局根据市场状况进行管理，铁道部依据国家政策法令有限定最高毛利率的权利。毛利率的计算公式为：

毛利率＝（售价－成本）÷售价。

要扩大车下加工能力，尽量为餐车提供成品或半成品餐料，减少餐车操作程序。

（4）站、车饮食供应要认真执行“全面服务、重点照顾”的原则，尊重少数民族和外籍旅客的饮食习惯，禁忌避讳。

（5）直接接触食品的工作人员要定期进行健康检查，取得“健康证”并持证上岗。饮食供应工作要认真贯彻执行《中华人民共和国食品卫生法》加强食品采购、保管、加工、销售等各环节的管理，严防食物中毒。

（6）值乘的乘务人员在餐车就餐时，餐车应提供乘务工作餐。乘务工作餐只按成本收费，但邮政押运员加收

30% 的毛利率。机车便乘乘务员用工作餐时，应交验司机报单和有关证件。

2. 站、车供水

（1）车站（客技站）要做好旅客列车的给水工作，确保列车辆辆满水，满足旅客用水需要。

（2）旅客列车上茶炉车的编挂原则为：硬座车平均三辆中有一辆茶炉车，硬卧车平均四辆中有一辆茶炉车。

（3）候车室和列车内应保证有足够的开水或安全卫生饮用水供旅客饮用。茶炉室及保温桶应及时加锁。公用水杯应消毒。

（四）职业道德及礼仪规范

1. 铁路客运职工的职业道德是：

（1）勤恳敬业：做到工作勤奋、业务熟练；

（2）廉洁奉公：做到公道正派，不徇私情；

（3）顾全大局：做到团结协作，密切配合；

（4）遵章守纪：做到服从命令，执行标准；

（5）优质服务：做到主动热情，细心周到；

（6）礼貌待客：做到行为端庄，举止文明；

（7）爱护行包：做到文明装卸，认真负责。

2. 礼仪规范

（1）铁路客运人员在工作中，应穿着规定的统一服装，仪容整洁，精神饱满，佩戴规定的标志。禁止浓妆艳抹、佩戴首饰。

（2）对旅客讲话时应态度和蔼，

音量适宜称呼恰当，语言表达得体准确。听旅客讲话时应认真倾听不得随意打断，正在行走遇有旅客问话时应停下来回答。夜间在卧车不得喧哗。

（3）走行、站立姿态要端正，在旅客多的地方走路时，要先打招呼，不得硬挤硬撞，夜间在卧车作业、走路、关门要轻。

（4）在旅客面前不得吸烟、吃东西、剔牙和出现其他不文明、不礼貌的动作。

（5）组织旅客上、下车时，不得强拉硬拽。清扫时，不得将清扫工具碰触旅客、物品，移动旅客物品时，应事先征得旅客同意并对旅客的配合表示谢意。

（6）旅客为自己让路时，应表示谢意。进包房要先敲门，应允后方可进入，离开时，应退步出包房。

（7）对旅客应一视同仁，对外宾及海外同胞应热情友好，不卑不亢，不该问的不问，不该说的不说。

（8）遇有工作失误之处，应向旅客表示谢歉意，不得强词夺理。

三、铁路乘车证管理办法知识

（一）基础知识

1. 使用乘车证人员范围：铁路职工和符合本办法规定可以使用铁路乘车证的其他人员。

2. 乘车证种类：

（1）硬席全年定期乘车证；

（2）软席全年定期乘车证；

（3）硬席临时定期乘车证；

（4）软席乘车证；

（5）硬席乘车证；

(6) 通勤（学）乘车证；

(7) 就医乘车证；

(8) 便乘证；

(9) 定期通勤乘车证；

(10) 探亲乘车证；

购粮乘车证用就医乘车证代用。

3. 乘车席别的规定

准乘软席的人员范围：

(1) 铁道部正、副部长和相当职级的人员；

(2) 正副司、局长和相当职级的人员；

(3) 教授和相当专业技术职级的人员；

(4) 经国家和部批准的“有突出贡献的专家”；

(5) 年满五十周岁的正、副处长和相当职级的人员；

（6）年满五十周岁的副教授和相当专业技术职务的人员（乘车证管理办法实施前，已按部规定享受软席的专业技术人员，可继续享受）；

（7）1937 年 7 月 6 日前参加革命工作的干部；

（8）铁道部副部长和相当职级及以上人员，因工作需要准许随行人员一人填发软席乘车证；

（9）受处分降低职务、工资级别的人员，应按降低后的职务、工资级别确定其能否享受乘坐软席。

（二）因公乘车

1. 铁路职工因公出差、驻勤、开会、组织选派出入铁路院校、调转、搬家、在本管辖区段内流动性生产（工作）、铁路院校组织学生生产实习等乘车，均属因公乘车。

2. 乘车证使用范围

（1）全年定期乘车证

凡因工作需要，必须经常在所管辖区段内铁路沿线往返乘车的铁路职工，可使用所管辖区段内的全年定期乘车证。

（2）临时定期乘车证

因工作需要短期内须在一定区段内连续往返乘车或一次出差到几个地点又不顺路的，可使用一定区段内的临时定期乘车证。

（3）软席、硬席乘车证

因工作需要一次性的外出乘车，可使用软席、硬席乘车证，乘车区段及期间按实际需要填发，单程或往返一次有效，除转乘外，中途下车无效。

（三）乘务便乘和调度命令乘车

1. 乘务便乘

机车乘务员、运转车长在规定担当乘务的区段内便乘时（不包括调车机车、小运转及出入厂取送机车），可由段、折返段乘务室、驻在所（站）值班员填发便乘证，按指定日期，车次一次乘车有效。便乘到达目的地后，应由值班员收回便乘证，予以注销，月末集中交回填发单位。

机车车辆在中途发生故障，机务段、车辆段检修工人去修理，应填发一次硬座乘车证，不能使用便乘证。

2. 调度命令乘车

事故救援与抢险救灾，由于时间紧迫来不及填发乘车证时，可凭调度命令乘车，一次乘车有效。

装卸工（包括外委装卸）到外站装卸车，可按货运有关部门规定使用调度命令乘车。

(四)乘车证的使用规定

1. 乘车证使用的规定

乘车证限乘车证上所填写的持用人在有效期间和区间使用。

(1) 准乘列车的规定

①持用全年定期、临时定期、软席、硬席乘车证和便乘证，在正式或临时营业铁路上准乘各种旅客列车（国际列车除外)。

②持用探亲乘车证准乘除国际、旅游列车以外的各种旅客列车。

③持用通勤、定期通勤乘车证准乘各种旅客列车（国际列车除外)。

④持用通学、就医、购粮乘车证准

乘快车和普通旅客快车。

⑤持用铁路全年定期、临时定期、软席、硬席乘车证均可乘坐空调可躺式客车。

（2）乘车证明的规定

①持用铁路各种乘车证的职工出入车站及在列车内须与旅客同样经过检验手续，同时交验工作证、学生证、离休证、退休证、家属医疗证或家属证。任何证明均不能代替上述证件。职工持用探亲乘车证，需同时持贴有本人照片的工作证和探亲证明；职工配偶或父母、子女持贴有本人照片的家属证（医疗证）和探亲证明。任何代替工作证或家属证的证件均无效。三证俱全方为有效。

②出差、探亲、驻勤、开会、入学、出校、调转赴任、搬家还必须交验

相应的证明，如职工出差证明书、人事调转命令、户口迁移证明等；铁路高等院校、中等专业学校和技工学校的学生到学校所在地铁路局管辖区域外实习时，必须交验教育部门批准的实习证明；医疗转院或疗养必须交验医疗机构的转院、疗养证明；机车乘务员便乘时，必须携带机务段填发的司机报单；机械保温车乘务员去外地换班乘坐旅客列车时，应交验保温段填发的交、接班证明。

（3）其他规定

①持用定期通勤、通勤、通学、定期就医、就医、购粮乘车证，除换乘外，中途下车无效。

②定期通勤乘车证一个月只限使用一次，不能提前或移作下月使用。如节假日适逢月初或月末，乘车证的往返日

期可跨及上月末或下月初，但起止时间不超过一周。如有特殊情况，可根据批准假期天数填发。

2. 免费使用卧铺的规定

（1）职工（含路外符合使用乘车证的人员）出差、驻勤、开会、调转赴任、医疗转院（含职工供养的直系亲属）、疗养、护送、出入学校，以本人开始乘坐本次列车开车时刻计算，从二十时至次日晨七时之间，在车上过夜6 h（含6 h）或连续乘车超过12 h（含12 h）以上的，准予免费使用卧铺。

（2）学生实习使用乘车证，不能免费使用卧铺。

（3）签证及登记卧铺的规定

①持用全年定期、临时定期、定期通勤乘车证，应同时附有乘车证使用卡片，卡片由乘车证填发单位发给。在填

发乘车证同时填发卡片，并在乘车证背面和卡片上（骑缝）加盖乘车证专用章。卡片用完后可更换新卡片。

②持用临时定期、软席、硬席、探亲乘车证时，须由车站签证。车站对要求签证的人员应查验有关证件，临时定期乘车证在卡片上签证，软席、硬席乘车证在背面签证，对号列车应发给座位号。持用全年定期、定期通勤、通勤、通学、定期就医、购粮乘车证可免于签证。如要座位号时，可凭乘车证由车站发给座位号。

③符合使用卧铺规定的人员登记卧铺时，车站或指定的代办部门应查验有关证件，对有卡片的乘车证在卡片上登记；对无卡片的乘车证在乘车证背面登记，并发给卧铺号；在列车上登记卧铺时，由列车长按上述方法同样办理。

④登记卧铺后不能按时乘车，应将卧铺号及时退回车站，车站将登记事项注销并加盖注销章。

⑤使用卧铺中途不应下车。如必须下车，不足夜间乘车 6 h 或连续乘车 12 h的，列车长应按章核收已乘区间的卧铺票价。

⑥持乘车证到列车上使用卧铺时，应将出差证明、卡片连同乘车证交列车员保管，并办理签证。持用全年定期乘车证，可不交乘车证。

3. 托运行李的规定

持用铁路各种乘车证，均不能免费托运行李、搬家物品等。

（五）乘车证的管理

1. 站、车客运人员必须熟知乘车证使用的有关规定，认真查验乘车证填载项目和必须携带的有关证件和证明，并打剪标记。如有不符，视为无效，并有权扣留所持乘车证，按有关规定处理。

2. 对持用的全年、临时定期、通勤、定期通勤、通学、全年定期就医（购粮）和临时定期就医乘车证免打查验标记；其他乘车证均须于始乘站和返乘站予以剪口，列车内查验时应打查验标记，否则按客运有关规定办理。

3. 铁路各部门特定的在列车上工作的各种证件（如铁路运输收入稽查证、客运监察证、铁路乘车证监察证等），只能作为工作凭证，均不能作为乘车的凭证。

（六）违章使用乘车证的处理

1. 违章使用乘车证均要按所乘列

车的等级、席别、铺别、区间（单程或往返）及票面填写人数按照《客规》的规定补收和加收票款。下列乘车证还应按票面记载的席别、区间，按照下列计算方法加收罚款：

（1）定期通勤乘车证，按票面填写乘车区间，自有效月份起至发现违章月份止，按每月一次往返的里程计算。

（2）全年定期乘车证、临时定期乘车证、通勤（学）乘车证。从有效日期（过期的从有效期终了的次日）至发现违章日期止，票面填写的乘车区间在一个铁路局以内的，按每日乘车50 km计算票价；乘车区间跨铁路局的，按每日乘车100 km计算票价，计算后低于50元的按50元核收。

（3）发现其他违章行为的，均按《客规》的规定相应处理。

2. 乘车证使用过程中发现的违章事项，当时处理不了的，由站、车编制客运记录，连同查扣的乘车证及有关证件报本铁路局财务部门，由铁路局依据规定向违章职工单位发函并追补应收票款和罚款；违章职工单位接到函件，要查证落实严肃处理，并将应补票款和处理结果于 30 日内报送发函单位收入部门。如违章者单位未按来函要求补缴款额的，铁路局要报告上级机关督促违章者单位迅速处理，必要时要追究单位领导责任。各单位在职工交回乘车证或日常检查中发现有违章使用的，也要按规定处理。对补缴的票款和罚款应上交财务部门。

四、运输收入管理办法知识

1. 运输收入事故分类与等级

（1）运输收入事故的种类分为现金事故、票据事故和坏账损失。

①现金事故：现金丢失、被盗、被抢劫。

②票据事故：在印制、保管、发放、寄送、运输和使用过程中所发生的铁路客货运输票据（含使用过的发送、到达铁路客货运输票据和印刷过程中的半成品）丢失、灭失、被盗、短少。

③坏账损失：因失职造成的无法收回的运输收入进款。

（2）运输收入事故的等级分为一般事故、大事故和重大事故。

①一般事故：损失金额不足 1 万元。

②大事故：损失金额 1 万元及其以上，不足 10 万元。

③重大事故：损失金额 10 万元及

其以上。

2. 事故金额的计算

（1）现金、银行票据和坏账损失按实际损失计算。

（2）卡片式车票和印有固定金额的票据，按票面金额计算。

（3）区段票每张按剪断线最高额计算。

（4）代用票按每组1 000元计算。

（5）计算机软纸票按每张1 000元计算。

（6）行李票、包裹票、客运杂费收据等未印金额的票据按每组 500 元计算。

（7）各种货票、货运杂费收据等未印金额的票据按每组1 000元计算。

（8）对使用过的到达铁路客货运输票据事故的金额按上述相应票据计

算。

（9）对使用过的发送铁路客货运输票据事故金额能确定运输收入实际损失的，按造成的运输收入实际损失计算，不能确定实际损失的按上述相应票据计算。

3. 事故的处理

发生运输收入事故时，应保护好现场，并立即电告收入管理部门和公安部门，及时组织破案。

事故发生后应于5日内向本企业收入管理部门提出“运输收入事故报告表”并附责任人书面材料。重大、大事故应及时书面报告铁道部。发生运输收入事故除经济赔偿外，可视情节轻重对责任者给予行政处分，情节严重的应追究主管领导的行政责任。

一般事故由站、段处理，并报本企

业收入管理部门备案。

重大、大事故由铁路运输企业处理，并报铁道部收入管理部门备案。

五、《铁路客运运价规则》知识

（一）基础知识

1. 为维护承运人、旅客、托运人、收货人的合法权益，依据《中华人民共和国铁路法》，制订本规则。

2. 国家铁路的旅客票价率和行李、包裹运价率由国务院铁路主管部门拟定，报国务院批准。客运杂费由国务院铁路主管部门规定，经国务院铁路主管部门和国家物价主管部门同意，特殊区段可实行特殊运价。

3. 在国务院批准的价格内，经国家物价主管部门同意，国务院铁路主管部门可根据运输市场的需求实行浮动价格；对在铁路局管内运行的旅客列车的票、运价，可根据具体情况，赋予铁路局自行浮动的权力。

4. 国家铁路的客运运价，以元为计算单位，不足1元的尾数按四舍五入处理（但半价票价，棚车票价，市郊单程票价，行李、包裹运价及客运杂费的尾数保留至角）。对浮动票价应分别按票种处理尾数。

（二）运价里程

1. 旅客和行李、包裹的票、运价里程，以国务院铁路主管部门公布的《铁路客运运价里程表》为计算依据。发到站间跨及两条及其以上线路时，应按规定的结算站接算；通过轮渡时，应将规定的轮渡里程加入运价里程内计算。

2. 旅客票价里程，按旅客乘车的实际路径计算。

3. 行李运价里程，按行李实际运送的径路计算，旅客要求行李由近径路运送时，如有直达列车可按近径路计算。超过车票终到站以远的行李计费径路比照包裹计费径路办理。

4. 包裹运价里程按最短径路计算，有指定径路时，按指定径路计算。带运、押运包裹的运价里程按实际径路计算。

5. 计算旅客票价，行李、包裹运价的起码里程为：客票20 km；空调票20 km；加快票100 km；卧铺票400 km（特殊区段另有规定者除外）；行李20 km；包裹100 km。

（三）旅客票价

1. 旅客票价包括两部分：

客票票价：分为硬座、软座客票票价。

附加票票价：分为加快、卧铺、空调票票价。

2. 旅客票价是以每人每千米的票价率为基础，按照旅客旅行的距离和不同的列车设备条件，采取递远递减的办法确定。票价中包括旅客意外伤害强制保险费。具体票价以国务院铁路主管部门公布的票价表为准。包房式硬卧票价分别按硬卧中下铺另加 30% 计算。

3. 棚车代用客车时，客票票价按硬座客票半价计算。棚车儿童客票票价按棚车客票半价计算。棚车加快票票价按普通加快票票价计算。

4. 享受减价优待的学生、伤残军人乘坐市郊、棚车时，仍按硬座客票半价计算，不再减价。

（四）行李、包裹运价

1. 行李运价率为硬座客票票价率的1%，即每 100 kg/km 的行李运价率等于1 人/km 的硬座客票基本票价率。

包裹运价率是以三类包裹运价率为基数，其他各类包裹运价率按三类包裹的运价率加成或减成的比例确定。

2. 行李、包裹运价是根据规定的运价区段，以每千克每千米的运价率乘以通过递远递减后而确定的计价里程，再乘以5 kg，即得 5 kg 为单位的运价基数。其他重量的运价，则以 5 kg 的运价基数推算。

3. 行李、包裹的运费，根据《行李包裹运价表》按每张票据计算。每张行李、包裹票的起码运费为 1 元。行李、包裹均按物品重量计算运价，但有规定计价重量的物品按规定重量计价。

4. 行李包裹运价的计算重量以5 kg为单位，不足5 kg按5 kg计算。

5. 旅客可凭客票办理一次行李托运。托运的行李在50 kg以内，按行李运价计算，超过50 kg时（行李中有残疾人用车时为75 kg），对超过部分按行李运价加倍计算。

6. 运价不同的物品混装为一件时，按其中运价高的计算。

7. 按保价运输的行李、包裹核收保价费。行李保价费按声明价格的0.5%、包裹保价费按声明价格的1%计算。

六、安全管理知识

（一）行车安全

1. 基础知识

（1）安全工作基本方针“安全第

一，预防为主”。

（2）安全指没有危险，不出事故的状态。安全生产是指不发生工伤事故、职业病、设备或财产损失。

（3）安全意识：是存于人们头脑中支配人们行为是否安全的思想。

（4）安全法制：是指安全生产法律法规和安全生产执法。

（5）安全责任：主要是指搞好安全生产的责任心，是安全生产的灵魂。

2.《铁路交通事故应急救援和调查处理条例》基础知识

（1）条例适用范围

①铁路机车车辆在运行过程中与行人、机动车、非机动车、牲畜及其他障碍物相撞的铁路交通事故的应急救援和调查处理；

②铁路机车车辆发生冲突、脱轨、

火灾、爆炸等影响铁路正常行车的铁路交通事故的应急救援和调查处理。

（2）事故等级

铁路交通事故分为特别重大事故、重大事故、较大事故和一般事故四个等级。其中涉及客运列车的一般事故主要有：

一般 A 类事故：客运列车耽误本列 4 h 以上的；

一般 B 类事故：客运列车耽误本列 1 h 以上的；

一般 C 类事故：列车火灾；列车爆炸；列车运行中设备设施、装载货物（包括行包、邮件）超限或坠落；

一般 D 类事故：作业人员违反劳动纪律、作业纪律耽误列车；滥用紧急制动阀耽误列车；行包、邮件装卸作业耽误列车；列车上工作人员往外抛掷物体造成人员伤害或设备损坏。

（3）事故报告

事故发生后，事故现场的铁路运输企业工作人员或其他人员应当立即报告邻近铁路车站、列车调度员或者公安机关。有关单位和人员接到报告后，应当立即将事故情况报告事故发生地铁路管理机构。（一般情况下在区间由列车长报告人员伤亡情况）

（4）事故现场保护

①有关单位和个人应当妥善保护事故现场以及相关证据，并在事故调查组成立后将相关证据移交事故调查组。

②因事故救援、尽快恢复铁路正常行车需要改变事故现场的，应当做出标记、绘制现场示意图、制作现场视听资料，并做出书面记录。

③任何单位和个人不得破坏事故现

场，不得伪造、隐匿或者毁灭相关证据。

(5) 铁路客运事故

铁路客运事故是指责任旅客人身伤害、责任旅客自带行李损失、行李车托运的行李包裹在运输过程中造成灭失、旅客食用列车供应的饭菜或出售的食品造成食物中毒及运输收入的被盗、丢失等。

铁路旅客人身伤害事故责任分为旅客自身责任、铁路运输企业责任、第三人责任和其他责任。

列车责任：

①由于车门未锁造成旅客跳车、坠车或站内背门下车造成旅客伤害；

②因列车工作人员的过失，致使旅客在不办理乘降的车站（包括区间停车）下车造成的人身伤害；

③由于组织不力，旅客下车挤、摔造成伤害的；

④车站误售、误剪车票，列车未能妥善处理造成旅客跳车伤害的；

⑤因列车报错站名致使旅客误下车造成伤害；

⑥因列车工作人员的过失造成旅客挤伤、烫伤的；

⑦因餐车、售货销售的食物造成旅客事物中毒的；

⑧因违章操作、管理不善造成火灾、爆炸，发生旅客伤害的；

⑨因列车设备不良造成旅客人身伤害的；

⑩事故处理工作组有理由认为属列车责任。

3. 信号常识

信号是指示列车运行及调车作业的

命令，有关行车人员必须严格执行。

（1）铁路信号分为视觉信号和听觉信号（包括号角、口笛、响墩发出的音响和机车、轨道车的鸣笛声）。

视觉信号：红色——停车；黄色——注意或减低速度；绿色——按规定速度运行。

听觉信号（司机鸣笛：长声为3 s，短声为1 s，音响间隔为 1 s。重复鸣示，需间隔5 s以上）：

一长声——起动注意信号；

二长声——退行信号；

三长声——召集信号（要求防护人员撤回）；

一长三短——警报信号（发现线路有危及行车安全不良处所时；列车发生重大、大事故及其他需要救援情况时；列车在区间内停车后，不能立即运行，通知运转车长时）；

三短声——拧紧人力制动机信号；

连续短声——紧急停车信号：司机发现（或接到通知）邻线发生障碍，向邻线上运行的列车发出紧急停车信号时，邻线列车司机听到此信号后，应紧急停车（响墩爆炸声及火炬信号的火光，均要求紧急停车）。

昼间遇到异常情况，要求列车停车，应展开红色信号旗，无红色信号旗时，两臂高举头上向两侧急剧摇动。

（2）发车指示信号：要求运转车长显示发车信号，昼间——高举展开的绿色信号旗靠近列车方面上下移动；夜间——高举绿色灯光上下缓动。

（3）发车信号：要求司机发车：昼间——展开的绿色信号旗上弧线向列车方面作圆形转动；夜间——绿色灯光

上弧线向列车方面作圆形转动。

4. 客车安全设施设备

（1）乘务员对安全设备做到知位置、知性能、会使用。

（2）紧急制动阀：

设备位置：紧急制动阀位于旅客列车每节车厢一位端乘务室外，并实施铅封。

使用时机：发现下列危及行车和人身安全情形时，应使用紧急制动阀停车。

①车辆燃轴或重要部件损坏；

②列车发生火灾；

③有人从列车上坠落或线路内有人死伤（特快列车不危及本列车安全时除外）；

④能判明司机不顾停车信号，列车继续运行；

⑤列车无任何信号指示，进入不应进入的地段或车站；

⑥其他危及行车和人身安全必须紧急停车时。

使用方法：使用紧急制动阀时，不必先行破封，立即将阀手把向全开位置拉动，直到全开为止，不得停顿和关闭。遇弹簧把手时，在列车完全停车以前，不得松手。在长大下坡道上，必须先看压力表，如压力表指针已由定压下降 100 kPa 时，不得再行使用紧急制动阀（遇折角塞门关闭时除外）。

（3）人力制动机：

设备位置：根据客车车辆构造，分为“拉出式”和“凹入式”。设置在每节车厢一位端的车门通过台一侧。

使用时机：因自动制动系统故障或其他原因造成列车制动失控；在电气化

区段，遇接触网停电，列车失去动力，被迫停在陡长坡道上，停车超过40 min仍未恢复供电时。

使用方法：列车工作人员应在运转车长（无运转车长的列车由司机）的通知指挥下进行使用，保证就地制动。使用时（机车鸣笛三短声为拧紧人力制动机信号）将固定人力制动机手柄的卡子移开，拉出手柄，朝顺时针方向转动，直到拧紧为止。当听到缓解信号时（鸣笛两短声为缓解人力制动机信号）向逆时针方向回转两至三圈即可。

关于旅客列车在区间被迫停车使用人力制动机制动的补充规定：

①列车在区间被迫停车遇自动制动机故障时，司机应立即以无线调度电话并采用鸣笛信号（连续鸣笛“三短

声”）通知运转车长，运转车长应立即组织列车乘务组人员按要求拧紧人力制动机就地制动。

②运转车长得到司机通知后，除按规定采取好防护措施外，还应根据列车停车位置的坡度，通知列车长组织乘务人员拧紧相应数量的车辆人力制动机。列车长与检车乘务长共同确认后，分别做好人力制动机使用记录，并由列车长向运转车长汇报。

③列车制动系统恢复正常或救援列车挂上制动系统故障车列、接通制动软管后，司机（救援列车司机）以无线调度电话并连续鸣笛“二短声”（要求缓解人力制动机）通知运转车长，运转车长接到司机（救援列车司机）通知后，通知列车长组织松开拧紧的人力制动机，做好开车准备。

④列车长组织乘务员完全松开全部使用过的人力制动机，由检车乘务长再次确认全列人力制动机缓解，做好检查记录后，由列车长向运转车长汇报。

⑤运转车长得到列车长可以开车的通知后，方可按规定发车。

（4）轴温报警器：

设备位置：装置在每节车厢乘务室内（新型客车装置在乘务室外对面）。

基本常识：

①集中式轴温报警器定点报警温度为 90 ℃，跟踪报警温度为外温 +40 ℃。

②集中式轴温报警器报警方式为声光报警。

③车厢轴位排序：以人力制动机所在端位为一位端，站在一位端，面向二位端，左手为 1、3、5、7 位轮轴，右手为 2、4、6、8 位轮轴。

④运行中发现轴温报警器无显示或轴温不正常等故障，必须及时通知车辆乘务员处理。

⑤列车运行在提速区段如轴温在递增，乘务员要配合检车乘务员对轴温报警器进行特别监视。

轴温报警器显示声光报警信号时：

①该车厢乘务员应立即采用传递方式通知检车乘务员和列车长。

②该车厢乘务员必须对报警的轮轴位置进行监控。监控方式为：打开报警轮轴位置的车窗（空调车为附近车窗），监控车轮处有无异常情况，如有异常声响或烟火冒出，应立即使用紧急制动阀停车。

（5）灭火器：

配置：旅客列车每节车厢应配置 4 具 2 kg ABC 干粉灭火器或水雾灭火器

（双层客车每层 4 具），在客车车厢一、二位端各安装两具。发电车的配电室配置 2 具、机房内配置不少于 6 具4 kg以上 ABC 干粉灭火器。

使用方法：拔去插销，手提灭火机压把，对准火的根部用力按压、扫射。

检修检查：灭火器每年进行一次检修，检查、维修标记应符合有关规定。

检查内容主要包括：

①规格；

②检修时间；

③铅封、插销；

④压力表（指针是否在绿区内）。

（6）紧急榔头（空调车厢）：

设备位置：每节车厢在乘务室内安装 1 个紧急榔头。座车车厢内安装 4 个。卧车大走廊安装 2 个。餐车餐厅内安装 4 个。双层座车下层车厢内安装 4

个。双层卧车下层大走廊安装2个。

（7）漏电报警装置：

设备位置：客车车厢的“漏电报警装置”，安装在靠车轴发电机发电的供电客车车厢上，具体位置在车厢乘务室或行李车办公间内的“控制箱”上。

作用：当该车厢的电器设备出现故障或车体配线绝缘不良，存在漏电现象时，“漏电报警器”将发出声光报警信号。

处置方式：当“漏电报警器”发出声光报警信号时，当班乘务员应立即采用“传递方式”通告检车乘务员和列车长，及时赶赴排除故障；当班乘务员要对车厢进行检查监控，当一旦出现火情，应立即关闭车厢总电源，采取有效扑救措施。

（8）炉灶管理：

①茶炉、取暖锅炉，做到干净无杂物，地面无油垢，离人加锁，非取暖期间锅炉室封闭。

②茶炉、蒸饭茶炉、取暖锅炉，必须设备良好，做到不漏水、不漏气、不滋火、不超温、不干烧，炉灰应用水浸灭后装袋交站，炉室内不准放杂物，离人加锁。操作前对炉膛内及煤箱内应认真检查，确认无爆炸物。入库列车炉灶熄火。炉灶附近禁止放易燃物品。

③餐车炉灶不准使用临时电源吹风助燃和油类燃料助燃，运行中严禁炼油，油炸食品和过油时油量不得超过容器容积的三分之一。对餐车内炉灶、烟囱、排烟罩外部的油垢，每天清洁一次；对烟囱过火部位的清洁，每季度第一个月上旬进行；对长期停放后、新挂上编组的餐车（例如临客餐车），在编

组前，应由车辆部门对炉灶、烟囱、排烟罩进行一次检查和分解，由客运部门联系保洁部门进行一次清洁工作，并认真填写清除记录。以防范陈旧油烟积垢被引燃。

（9）电气设备：

①电热开水器使用时注意事项：通电前需检查是否牢固接上安全地线、水阀接头不应有漏水现象、窥水尺是否注满水；合上电源开关后，面板上工作指示灯应发亮，表示发热管通电发热；红灯自动灭表示水已开，可以饮用；开水器停用时，要将电源切开。

②乘务人员严禁使用自备的炉具和电热器具。

③乘务室内电器设备设施上严禁搭放杂物，乱接乱搭电源。

④严禁用水冲刷地板和通过台及连

接处。

（10）客车手动塞拉门安全操作规程：

①列车起动前，必须进行手动关门操作，关门后，操作者需检查门的状态，双色指示灯是否从红色变为绿色，确认后，应锁闭加压锁，方可离开车门。

②列车制动停稳后方可进行开门操作，开门时依次开启加压锁和常用开关，再手动开启车门，开车时，指示灯将从绿色变为红色。

③列车起动后，严禁进行开门操作。

④应保持塞拉门下滑道的清洁，运用中要及时清理下滑道中的杂物，保证滑道畅通和塞拉门正常工作。严禁用水冲刷地板。

⑤运行中发现旅客倚靠和挤迫车门时，乘务员应及时劝阻，严禁大件物品堆靠车门处。

(11) 车门管理制度：

车门管理做到“停开、动关、锁，出站台四门检查、瞭望”；临时停车坚守岗位，做好宣传，加强巡视，确保车门锁闭，严禁旅客上下车；遇有线路中断等非正常停车，按照上级主管部门的指令，做好宣传，服务工作，确保旅客生命财产安全；列车停车锁闭卧车端门；餐车走廊边门、厨房后门锁闭，有专人管理；与机车连接的客车前部端门、行李车端门锁闭；列车的前、后部车厢端门及餐车后厨房边门有防护栏。

5. 安全生产责任制

(1) 安全生产责任制是安全生产制度体系最基础、最重要的制度，是按照“安全第一、预防为主”的安全生产方针，将各岗位生产人员在安全生产方面应做的事情和应负的责任加以明确规定的一种制度。

（2）列车长岗位安全责任制：

①认真贯彻《中华人民共和国安全生产法》和《铁路运输安全保护条例》，落实上级和本段安委会决策。

②加强业务学习，增强行车安全、人身安全、消防安全意识，坚守岗位，遵章守纪，严格执行两纪一化，确保作业标准和作业程序落实到位。

③负责班组安全、消防工作的组织领导，组织建立健全各种安全管理资料台账，填写规范正确，并按月度组织召开班组安全分析例会，及时解决运输安全工作中倾向性、关键性的问题，制定对策、落实标准和责任人，限期解决。

④落实执行列车长进库守车制度、三乘联检制度和列车安全巡视制度，发现问题及时督促解决或向有关部门汇报，并做好记载。

⑤落实执行列车长站站下车站车交接，组织指挥列车员保证旅客安全乘降，均衡运输。

⑥落实执行乘务中“首报告”制度，做到报告及时，信息完整。

⑦熟知各种非正常情况下应急预案，并能正确组织实施。

⑧坚持“四不放过”的原则（事故原因分析不清不放过，事故责任者和群众没受到教育不放过，没有采取切实可行的防范措施不放过，事故责任者没有受到处理不放过），参加事故调查、分析。

（3）客运人员作业安全红线

作业安全红线是指一线人员在运输生产中因严重工作失职或严重违章违纪造成安全隐患，但尚未构成事故的现象。

凡违反以下安全“红线”管理规定，干部给予诫勉或解聘、工人待岗3个月（劳务工一律退回输出单位）。

①当班期间擅自脱岗。

②当班期间打牌、饮酒、赌博。

③错传、漏传调度命令。

④责任旅客误乘误降造成旅客人身伤害。

⑤旅客列车运行中漏锁车门。

⑥燃煤锅炉、茶炉缺水焚烧。

⑦客运工作人员在客车车厢、乘务室等禁烟场所吸烟。

⑧列车工作人员在列车运行中向车外抛扔废弃物。

⑨客运工作人员违章钻车、扒车。

⑩在电气化区段攀登车顶或用水冲洗车辆外部。

(二)劳动安全

1. 全局职工共同遵守的劳动安全守则“七做到、十四个不准”

七做到:

(1) 做到上班前、出乘前充分休息;

(2) 做到上班时精力集中，严肃认真;

(3) 做到按安全操作规程作业;

(4) 做到按规定正确使用防护用品;

(5) 横越线路做到“一站、二看、三通过”;

(6) 做到工作场所整洁;

（7）凡能集体出工的工种，必须做到集体收工。

十四个不准：

不准饮酒上岗；不准擅离岗位；不准在工作时间打闹，做私活；不准钻车、爬车、跳车；不准以车代步；不准抢越线路；不准在车辆下休息；不准人、物侵入限界；不准抢点作业；不准当班睡觉；不准走轨面、线路中心；不准在边坡、危岩处休息；不准在生产现场穿高跟鞋；不准搭乘出入库机车。

2. 乘务中的劳动安全规定

（1）列车乘务员在上下车时应注意要紧握扶手，不准飞乘飞降。

（2）客车乘务员应做到“一必须、六不准”。

一必须：必须铃停上车，车动关锁门，出站四门瞭望检查，车停开门

（临时停车应监守岗位，巡视车厢，加强宣传）。

六不准：不准运行中开车门；不准运行中乱丢杂物；不准运行中摘挂列车方向牌和外顺号；不准运行中攀登车顶部作业；运行中不准在列车尾部端门逗留；不准会车时互递物品。

（3）劳动安全“三控两互”，“三控”指“自控、互控、他控”。“两互”指“互包、互保”。

（4）三不伤害：在生产过程中做到我不伤害自己，我不伤害别人，我不被人伤害。

（5）反“三违”是指：反对违章作业，反对违章指挥，反对违反劳动纪律。

3. 人身伤害事故的分类

（1）按伤害程度分：轻伤、重伤、

死亡。

按事故严重程度分为：轻伤事故、重伤事故、死亡事故。

（2）伤亡事故的报告：

根据国务院第 75 号令《企业职工伤亡事故报告和处理规定》，伤亡事故发生后负伤者或最先发现的人，必须立即报告安全员、班组长、工段长、车间（队）等有关领导，有关领导必须立即报至安全部门和单位领导，单位接到事故报告后，除轻伤以外，均应立即将事故概况（事故发生的时间、地点、伤亡者姓名、性别、年龄、工种、工龄、伤害程度、事故简要经过）和发生事故的原因用电话、电报或其他快速办法报告单位主管部门。

（3）伤亡事故的调查：

①伤亡事故发生后，应首先抢救受

伤者，采取措施制止事故的蔓延扩大，并认真保护事故现场，同时根据事故情况迅速上报。

②保护现场。

③因抢救伤员和防止事故扩大，需移动现场物件时，必须作出标志，拍照、详细记录和绘制事故现场、伤亡者现场。必须经事故调查组同意才能对事故现场进行清理。

④必要时收集相应的旁证。

(三)旅客列车消防知识

1. 消防基础知识

(1) 火灾燃烧阶段及火灾分类

①火灾——在时间或空间上失去控制的燃烧所造成的灾害叫火灾。

②燃烧——可燃物与氧化剂（氧气）发生的放热反应，拌有火焰、发

光和发烟现象，称为燃烧。

③燃烧的条件——任何燃烧必须具备三个条件，即：可燃物、氧化剂、温度（引火源），三个条件必须同时具备，缺一不可。

④火灾的燃烧分为：初始阶段、发展阶段、猛烈阶段、下降阶段和熄灭阶段共五个阶段。燃烧在初始阶段时是扑救火灾的最佳时期，时间为3～5 min。

⑤火灾的分类：A类火灾：指固体火灾，如木柴、棉、麻、毛、纸张等。B类火灾：指液体火灾，如汽油、煤油、原油、甲醇、乙醇、沥青、石蜡等。C类火灾：指气体火灾，如煤气、天然气、甲烷、乙烷和丙烷氢气等。D类火灾：指金属火灾，如钾、钛、铝合金等。E类火灾：带电的火灾。

⑥发生火灾事故必须按照“三不

放过”的原则，即查明原因、认定责任、严肃处理。

（2）灭火的基本原理和方法

灭火的基本原理就是要破坏或切断燃烧的三要素的相互联系和作用，一般采取冷却、窒息、隔离和化学抑制4个方式。

①冷却法：使可燃物温度降低，使其达到灭火的目的。

②窒息法：使可燃物失去三要素中的氧化剂，达到灭火的目的（如：防火麻袋）。

③隔离法：使可燃物与其他物体隔离，使可燃物不能继续燃烧（如：防火墙、隔离带）。

④化学抑制法：使用化学物品（灭火器中的化学分子）灭火。

2. 消防法规

（1）我国消防工作的方针是预防为主、防消结合。

（2）我国消防工作的原则是坚持专门机关与群众相结合。

3. 消防责任制

（1）防火领导小组职责：

①认真贯彻执行上级有关消防工作的规定和部署，每月召开一次防火安全领导小组会议，总结安排消防工作；

②组织车班乘务人员认真学习消防知识，定期进行考核，人人达到“三懂三会”；

③建立车班消防安全考核制度，检查督促乘务人员落实岗位责任制；

④组织防火检查，及时消除火灾隐患；

⑤做好对旅客的防火安全宣传教育工作，制订易燃易爆危险品查堵措施，

组织乘务员认真开展查堵工作；

⑥制订和完善扑救火灾事故应急方案，明确分工，定期演习，熟练掌握；

⑦建立列车消防安全台账。

（2）列车长岗位消防责任制：

①全面负责担当乘务工作的客运列车消防管理工作，组织并督促列车各岗位消防工作的实施，接受上级的消防检查；

②主持召开列车防火领导小组会议；组织乘务人员学习消防知识，提高防火灭火技能；

③负责组织列车“三乘联检”，落实各项消防制度，发现隐患及时整改；

④向旅客宣传列车消防安全知识，督促做好“三品”查堵工作；

⑤担当列车义务消防队长，负责组织扑救列车火灾。

4. 消防安全管理

（1）列车消防安全台账内容及填写方法：

①上级有关消防工作的文件（复印件或摘抄件）；

②列车编组及乘务人员概况；

③列车防火组织；

④扑救火灾事故应急方案；

⑤防火安全会议和活动记录；

⑥乘务人员消防安全培训记录；

⑦乘务人员上岗证登记；

⑧餐车炉灶清扫记录；

⑨三乘联检记录；

⑩消防器材登记。

（2）旅客列车的火灾隐患主要有：

①茶水炉、取暖炉、餐灶使用明火；

②在禁烟处所吸烟，乱扔烟蒂；

③电气线路、设备故障，特别是隐蔽部位电线未穿管保护，周围有易燃或可燃物等；

④旅客将危险品带上车以及列车安全设施损坏等；

⑤车上人员高度集中，不易疏散逃生。灭火设施少，救援困难。火灾易于蔓延等。

（3）灭火器的种类：

水系灭火器、泡沫灭火器、ABC干粉灭火器、1211灭火器、二氧化碳灭火器。旅客列车配备的是ABC干粉灭火器和水雾灭火器（水系灭火器）。

（4）灭火器的使用方法：

取下灭火器，拔掉保险销，一手握开启压把，另一只手托住灭火器底部（有喷管的握住喷管），对准火源根部，距3～5 m，左右扫射，向前推进，直至扑灭。

(5) 乘务人员“三懂三会”内容:

三懂:

①懂得本岗位的火灾危险性。

②懂得预防火灾的措施。

③懂得扑救火灾的方法。

三会:

①会使用灭火器材。

②会报警。

③会扑救初起火灾。

(6) 客车安全工作四个百分之百的内容:

①茶炉、锅炉间要100%做到室内干净无杂物,地面无油垢,离人加锁,非取暖区间锅炉室封闭;

②消防器材要100%配齐、有效,乘务人员做到知位置、知性能、会使用;

③乘务员对紧急制动阀要 100% 做到知位置、会操作使用；

④乘务中客运部门各工种要 100% 做到在岗在位。

（7）锅、茶炉使用管理的基本要求：

锅、茶炉必须设备良好，安全可靠。要由持有合格证的人员操作使用，并严格按照程序操作。在使用中做到“不漏水、不漏气、不滋火、不超温、不干烧”，不用易燃液体引火助燃，向炉膛内加煤时要仔细检查有无爆炸物，清出炉灰用水浇灭，炉室内不准放杂物，人离锁闭炉室，停炉时要把火压好。停用炉室必须彻底清除可燃物，将门锁闭。

（8）配电间、工具间、乘务室的安全管理要求：

配电间、工具间、乘务室内禁止堆放各种杂物，做到人离门锁，门窗玻璃透明无遮挡；配电柜、控制箱门锁必须良好，人离锁闭；乘务室内除备品和列车员必须用品外，禁止放置其他杂物，人离时必须确认室内无火种并将门锁闭。

(9) 发电车的防火安全管理要求：

发电车内严禁闲杂人员进入，车内保持整齐清洁，无漏油、无漏水、无油污，严禁存放杂物。用弃的油棉纱应集中妥善放置，不得随意丢弃在发电车内。发电车内安装的火灾自动报警探测器每年应由有资质的消防中介服务机构进行一次清洗，并做好相关的功能试验，出具测试报告。车辆乘务员应做好相应的运行记录。

(10) 邮政车、行李车防火安全管

理要求：

邮政车、行李车货仓要留有安全通道，宽度不小于0.5 m，不得堵塞端门，照明灯具下方不准堆放物品。邮政车、行李车严禁使用明火或电炉等大功率电器烧水做饭。未经铁道部主管部门和公安消防机构同意，严禁擅自增设使用各种电气设备。

(11) 客车“三乘联检”制度的规定：

严格执行“三乘联检”制度。邮政车、行李车、加挂客车纳入班组消防管理，列车始发前，由列车长、乘警长、车辆乘务长对电源、列车火源和消防器材进行全面检查，运行中重点检查，终到后彻底检查；检查结果由检查人员分别签字确认，严禁代签、漏签和弄虚作假。

（12）列车防火防爆检查的重点部位

列车始发前、运行中、终到后进行防火防爆检查的重点是：

①“两炉一灶一电”设备安全状况；

②配备的灭火器的数量、质量；

③循环水泵箱、观察孔、煤箱、暖气管、座位下的阴暗隐蔽处所，是否有异常物品、可燃杂物和火种；

④各种消防标志是否齐全，通道是否堵塞。

5. 危险品的种类和处理

（1）易燃易爆危险品

凡具有爆炸、易燃、毒害、腐蚀、放射性等特性，在运输、装卸、储存、保管过程中，于一定条件下能引起燃烧、爆炸，导致人身伤亡和财产损失等事故的物品，统称为易燃易爆危险品。

（2）易燃易爆危险品类别

根据国家标准《危险货物分类和品名编号》（GB 944）和《危险货物品名表》（GB 12268）的规定，危险物品分为九大类：

第一类　爆炸品；

第二类　气体；

第三类　易燃液体；

第四类　易燃固体、易于自燃的物质和遇水放出易燃气体的物质；

第五类　氧化性物质和有机过氧化物；

第六类　毒性物质和感染性物质；

第七类　放射性物质；

第八类　腐蚀性物质；

第九类　杂项危险物质和物品。

（3）查堵危险品的基本方法

查堵危险品的基本方法主要有宣、看、闻、问、摸、查6个方面。

①宣：宣传国家有关旅客乘坐车、船的安全规定，提高遵守规章制度的自觉性。

②看：看旅客的职业。如油漆工、开采矿工等。

③闻：用鼻闻，有无异常气味。

④问：通过询问了解。

⑤摸：整理行包中发现情况。

⑥查：对有疑问的要细细查看。

（4）对危险品的处置方法

对列车上查获的和旅客主动交出的危险品要做好记录，由值乘乘警妥善保管，列车乘务员予以协助。对发令纸、鞭炮类的危险品应立即浸水处理。检查危险品时，严禁用明火照明和对不易判明的危险品在车上实验。由乘警移交最近前方停车站公安派出所处理。车站不设公安派出所的，则由列车长编制客运记录，移交车站处理。

复习思考题

1. 旅客运输合同中承运人的基本权利和义务是什么？

2. 车票的有效期如何计算？

3. 列车定员如何计算？

4. 铁路客运职工的职业道德内容是什么？

5. 持乘车证免费使用卧铺的规定是什么？

6. 运输收入事故的等级是如何划分的？

7. 列车长岗位责任制的内容是什

么？

8. 劳动安全“七做到、十四个不准”的内容是什么？

9. 查堵危险品的方法是什么？

10. 邮政车、行李车防火安全管理要求是什么？

第二部分

列车长乘务作业标准

一、出乘准备作业

1. 出乘日提前（组织职工点名前）1 h（清晨始发的列车于前 1 天下午）到调度室摘抄上级有关文电、命令和本趟值乘重点任务和要求；填写乘务报告，请调度员审核盖章；领取票据和安排值班员领取补票机、报表、备品、用具等。

2. 列车返乘终到站前，出乘班组组织相关乘务员上站台接车，与退乘班组办理交接，检查门窗等，安排人员守车。

3. 守车列车长要巡视检查保洁公司人员的保洁整备作业程序和质量，针对重点问题和部位要督促加强或整改，以及注意检查库内其他相关作业，如上煤、上水、备用品及（绿皮车）烧开水或灌开水到位等的作业质量。同时，整理、准备本趟乘务资料、台账。

4. 出库前按规定时间组织全班组乘务员在库内点名，布置本趟值乘任务和计划要求。做到重点突出，简明扼要。

5. 按规定时间由列车长组织“三乘联检”；按照保洁整备质量标准验收出库保洁整备质量，做到：全面认真，评定真实，相关人员签字。

二、始发站作业

1. 全列检查各岗位准备工作；提前与车站值班员联系，了解本次列车客流及有关情况，做好迎接旅客进站上车的准备工作。

2. 头班列车长在软、硬卧一端，二班列车长在硬座一端，组织引导旅客和安排重点旅客乘车，随时到车厢内检查指导车内列车员作业。遇有上级领导检查，要主动迎接，陪同巡视。

3. 开车时，列车长应分别于列车前部和尾部上车，巡视各车厢检查指导始发作业，回答旅客问事，了解车内客流和重点旅客的具体困难和要求，并作出相应安排或帮助。指导各岗位严格遵循作业程序和质量标准作业。

4. 两位列车长到餐车碰头交换意见；召开“三乘”联席会，传达上级文电、通报情况、拟订落实措施，提出质量要求。

5. 接待、安排重点旅客；遇有添乘领导，请示工作，做好安排和接待。

三、运行途中作业

1. 当班列车长每两个小时进行全

列巡视检查指导：

（1）各岗位乘务员对旅客宣传提醒安全注意事项，安全作业规程执行情况，以及各岗位作业程序执行情况和作业质量达标情况。

（2）各岗位乘务员着装标志、服务礼仪、语言举止、服务质量；茶炉（保温桶）内是否有开水；重点旅客的“三知三有”及具体情况及服务等。

（3）各车厢（岗位）卫生、车容作业质量；卧具装袋入柜，备（用）品定位摆放。

（4）卧铺车夜间息灯后检查核对票据与铺位是否相符；宿营车是否安静整洁，乘务员是否按“定位图”就寝休息；两端三间、四壁、边角擦抹。

（5）执行“首问首诉”制，接待旅客是否诚恳、文明、妥善。

（6）检查各车厢（岗位）“旅客去向登记簿”、“交接簿”填写质量；审阅“旅客留言簿”，遇有批评或建议做到正确认识，处理（审阅）及时、诚恳、规范。

（7）及时将相关岗位乘务作业质量未达标问题，记入班组《经济考核记录簿》内。

2. 组织列车内的经营活动，加强营销工作，维护及增加各项经济收入：

（1）按规定执行验票制度，防止无票旅客乘车、无票运输和携带品超重、超限。

（2）正确理解共、复用规定，及时办理旅客补票、补办剩余卧铺等业务，维护和增加运输收入；按要求及时准确填写列车密度表。

（3）检查各种加挂车辆和邮政部

门占用邮政车、行李车的容积、装运物品、值乘人数及所持证件是否符合规定。发现不符合规定应按章补收费用，当时不能处理时应做成客运记录报段收入科或局财务收入处处理。

（4）熟悉餐售业务及营销技巧，根据旅客（市场）消费需求，积极指导和帮助餐车长组织安排、加工烹饪适销对路、卫生安全、质价相符的食品、饮料和商品供应。

（5）餐厅夜间经营茶座，严格按照有关规定进行；做到旅客自愿，收费按标准，及时付发票；提供的饮料、点心符合标准，卫生、服务保证质量。

3. 每个停靠站必须下车，做到：

（1）站于列车中部或旅客进（上）站台口，组织引导旅客上车，防止旅客误乘。

（2）与站方值班员办理交接，接收乘车人数通知单，接洽相关事宜。

（3）指导协助各门岗汇报安全组织乘降，扶老携幼，巡查外挂设施设备有无脱落隐患或异常。

（4）遇有问题，沉着冷静，了解情况，根据规章，正确处理（做到：熟知规章，正确理解，融会贯通，灵活运用）。

（5）值乘中遇到异常（非正常）情况，以及重要问题时，要根据具体情况参照相关“预案”及时处置。同时，应及时向段调度室首报。遇有疑难问题，需要帮助时，根据不同情况或问题向直属领导（车内有主管单位添乘领导时，应向其报告并遵循其意见或指示办理）报告，或向列车运行所在地铁路局客调报告，请求指示和帮助。

四、折返站终到作业

1. 终点站前作业：

（1）安排指导各岗位认真做好“三不带”工作，检查全列终到卫生作业及质量。

（2）审核票据、票款；整理填写有关报表，计算旅客输送量和旅客上座率。

（3）安排帮助重点旅客下车。

（4）列车进终点站前，正班列车长在软、硬卧一端；副班列车长在硬座一端，提醒列车员在列车进入市区前锁闭厕所，以及做好与旅客告别前的作业。

（5）组织各车列车员提前进岗（硬座双班时进双岗双开车门，严禁一人开双车门），列车停稳开门，卡牢翻板（高站台摆放活动脚踏板），擦抹扶手，扶老携幼，做好告别服务工作。

2. 折返站作业：

（1）旅客下完后，全面检查车内设施设备和车内卫生及旅客遗失物品及安排移交，安排并检查督促各岗位投放袋装垃圾、交接卧具、备（用）品，关闭门窗；督促指导各工种与保洁整备人员办理交接并签字。

（2）一名列车长负责带领守车人员守车；列车出库前按规定时间做好“三乘联检”和按照保洁整备质量标准验收保洁整备质量，做到全面、认真，如实评定。

（3）带领休班人员去公寓休息的列车长，负责乘务员严格执行公寓管理制度，爱护公物和卫生，不得饮酒、赌博，做到充分休息；提醒外出者注意安全，按时归队。

（4）折返站停留时间较长的列车开车前1 h，组织召开返乘会，小结往程各岗位乘务作业质量，针对往程存在的不足提出改进的具体措施、要求。

五、返程作业

1. 按照往程作业程序作业。

2. 返乘途中按规定在指定车站或区段与段调度室联系（先行报告车次、姓名）：

（1）请示有无甩、挂车及其他新的任务、指示。如有甩车，终到站前必须认真落实卫生“三不带”，炉灶熄火、炉膛内煤灰清除干净，有关备（用）品集中清点、专人交接。

（2）请示后续连班或车底人员连续套跑车次有无新指示、新任务等。

（3）需要汇报和请求及时帮助解决的问题，如车内发现病虫害，需要通知疾控中心派员进行“消、杀、灭”等。

六、终到及退乘作业

严格列车终到卫生“三不带”和终到退乘作业制度。

1. 列车终到站前：

（1）清理票据，结算票款，填写车补报告；计算往返旅客输送量和上座率，收集相关数据，分析总结本趟往返乘务质量和各项任务完成情况，填写乘务报告及其他报表。

（2）分头检查各岗位职工的终到作业质量，做好各车卫生“三不带”。终到卫生做到：“一倒净、二清洁、三不带”和袋装垃圾扎口。

一倒净：倒烟灰盒，盒内无烟头烟灰。

二清洁：车厢各处卫生清洁，三间两头清洁；无垃圾、泥垢。

三不带：不带垃圾（含煤灰渣）、污水、粪便。

如未达到终到卫生质量标准，旅客下车完毕后，列车长必须安排再次卫生作业，直至达到标准方可退乘。

(3) 对在折返站及途中撤换的脏卧具、头套（巾）等需洗涤的布制备品折叠清点装袋。

(4) 提前进岗（硬座车厢进双岗双开车门，卧铺车厢进靠列车中部一端的车门），试开车门；面部与车门玻璃相距 20 cm 左右，以立正姿势面向站台致注目礼。列车停稳开门，卡牢翻板，擦抹扶手，扶老携幼。旅客下车完毕，立即将袋装垃圾投放站台垃圾箱旁或安全线内；关闭边门。

2. 负责交款的列车长在乘警的护送下交款。

3. 检查指导与接车班组或保洁人员办理备品交接，签字为准。

4. 根据交路通知安排参加出乘会或班组学习会的时间。

5. 其他：

（1）连班或套跑的班组在第一个往返回段后，必须及时按规定缴款和向调度室交报《列车密度表》等有关信息报表。

（2）列车长及值班员到段指定地点缴纳有关报表、票据、补票机和车载设备等。

（3）按规定时间参加段交班会，汇报本趟值乘情况；接受领导指示和工作要求；听取有关事例分析；参与业务（管理）知识技能培训。

（4）按规定时间组织召开出乘会或班组学习会，分析上趟值乘情况和公布上趟各岗位“经济考核”情况；学习传达有关文件和领导指示；培训讲解业务和服务技能。

复习思考题

1. 列车长出乘准备工作有哪些内容？

2. 终到折返站前的列车长作业内容是什么？

3. 列车长退乘作业内容是什么？

第三部分

非正常情况应急处理

一、旅客列车火灾爆炸事故扑救应急处理

1. 立即停车：旅客列车在运行中，乘务人员发现火情后应冷静判断：火情如果能及时有效扑灭或控制，应立即设法灭火。如发现火势较大，情况严重，不停车不能扑灭时，乘务人员应立即拉下紧急制动阀，将列车停在安全、易于扑救和疏散旅客路段，但不得停在桥梁、隧道、道岔、长大坡道，并应避开生产、储存易燃易爆危险品的场所，同时应向相邻车厢的列车员通报火情，由相邻车厢的列车员以传递方式向列车长、乘警、检车员报告。

2. 疏散旅客：在列车长、乘警、检车员未赶到现场之前，发生火情车厢的值班列车员和相邻车厢的列车员应在

积极扑救火灾同时，迅速将旅客疏散到安全地带或向其他车厢疏散。

3. 组织扑救：列车长、乘警、检车员接报火情后应立即赶赴现场。同时，通过列车广播通知全体乘务人员坚守岗位，服从统一指挥，稳定旅客情绪，并组织指挥列车全体工作人员按事先分工，本着“先救人后救物”的原则，使用灭火器材或其他适当方法进行有序扑救。集中供电列车发电值乘电机机械员应迅速切断电源，启用临时备用电源。

4. 切断火源：停车后，运转车长要迅速指挥列车进行分解，检车乘务员要积极配合负责剪断折角塞门，钩提杆捆绑铁丝，将起火车厢与列车分离至少50 m以外，切断火源，防止火势蔓延。

5. 抢救伤员：在扑救火灾，疏散

旅客的同时，要积极抢救处置伤员。列车乘务人员应发动和组织旅客开展自助自救活动。

6. 设置防护：列车分解后，运转车长要按《铁路技术管理规程》要求设置防护，对分解车辆做好防溜措施，防止扩大事故。

7. 报告救援：在疏散旅客，组织灭火的同时，列车长（或指派专人）、机车乘务员尽快向行车调度报告事故情况，报告内容要简明扼要，包括：车次，时间，地点，火势，人员伤亡情况。调度指挥部门视情况迅速向当地政府、公安消防部门请求支援。险情消除后应迅速组织开车。

8. 保护现场：在扑救火灾时，要注意保护现场。乘警要采取多种措施维护现场秩序，视情况需要设置警戒区，灭火后禁止任何人进入保护区（对持机要证件，抢救机要文件的人员除外），不得擅自移动火场中的任何物品，对火灾痕迹和物证，应采取有效措施，妥善保护。列车乘务人员应积极协助乘警工作。

9. 认真取证：乘警要及时了解事故详情，做好调查访问笔录，搜集相关证据，列车乘务人员要积极协助。

10. 协助查访：列车全体乘务人员应积极向公安机关提供线索，协助搞好现场调查尽快查明事故原因。

二、列车初期火情扑救处理

1. 沉着冷静，稳定旅客，迅速向两侧邻座或两头车厢疏散；

2. 及时通过邻车乘务员传递式报警；

3. 来不及取灭火机时，就地取材实施灭火；

4. 邻车及其他车厢乘务员迅速向着火车厢传递灭火机。

注：初期火情一般系指及时发现的冒烟或是初期烟火局限在相当硬座车、卧铺车“一空”的二分之一范围内，使用灭火器或其他方式能有效控制不致蔓延的初起火情。

三、旅客列车严重超员造成弹簧压死和车厢钩差超限的处理

列车严重超员时，车辆乘务员必须认真检查车辆转向架、车体、车钩的状态，发现弹簧压死或车钩钩差超限时，不许开车。车站要及时采取措施，组织旅客疏散。列车长要组织乘务员，积极配合车站组织和帮助旅客疏散。经车辆乘务员检查确认车辆完全恢复正常，不

再危及行车安全时，方可开车。

四、行李车发生超载、偏载的处理

车站办理行包承运时，计费与实际重量必须相符，发现计费与实际重量不相符时，列车行李员要拍发电报，报告装车和卸车站及所属局客调。列车行李员要严格控制装载重量和指挥装载，不得出现超载、偏载现象。车辆检车员发现车辆弹簧压死，不许开车。列车长要立即组织力量倒装或卸车，车站必须予以配合。经车辆检车员确认车辆完全恢复正常后，方可开车。

五、邮政车发生超载、偏载的处理

邮政车押运人员，要严格掌握实际装运重量，不得超过车辆规定的载重装载时按照铁路规定留出消防通道。发生超载、偏载时，列车长在向局客调报告的同时，责令邮政押运人员迅速倒装。必要时，列车长要拍发电报，请示甩车。

六、旅客列车因自动制动机故障需要就地停车时的处理

列车在运行中或在区间被迫停车时，听到机车鸣笛三短声，要列车就地停车时，列车乘务员要在运转车长的指挥下，按照《技规》规定，立即拧紧人力制动机，直到列车完全停稳（人力制动机拧紧的辆数由运转车长按有关规定确定）。未听到机车发出两短声的缓解信号，不得自行松开或恢复人力制动机状态。

列车停车后，广播员要加强安全注意事项的宣传，列车乘务员要坚守工作岗

位，随时掌握车内旅客动态，维护好车内秩序，不得打开车门，严禁旅客翻窗或下车。列车长和乘警要加强车内巡视。

七、集中供电列车运行中供电系统发生故障不能保障供电的处理

列车长要立即通知列车发电乘务员，尽快采取有效措施，各辆客车的应急电源开关是否处于闭合位，保证应急电源装置正常工作，保证应急照明灯、轴温报警装置供电。列车因存在故障不能满负载供电时，根据实际情况适当减少负载，暂时停止使用部分电器。车辆乘务员要千方百计排除故障，尽快恢复供电。车厢乘务员要坚守工作岗位，巡视车厢，控制车内动态，做好安全宣传。打开活动车窗，保证车内通风，列车长和乘警还须立即深入车厢，做好旅

客安全宣传。必要时发动旅客中的解放军、武警、公安人员共同维护车内秩序，严防坏人乘机破坏。动员带有便携照明工具的旅客，主动提供简易临时照明。

八、旅客列车在中间站不停靠站台停车的处理

列车乘务员要认真确认站台方向，列车不靠站台停车时，乘务员在打开车门时，要认真确认邻线有无正在通过列车，车站、列车确认无通过列车和障碍时，方可组织旅客乘降，并做好扶老携幼工作。

九、旅客列车因线路中断运行的处理

列车在车站因线路中断不能继续运

行，车站除按规定处理外，还应做好受阻旅客的饮食和饮用水的供应及治安保卫工作。

列车乘务员要坚守工作岗位，维护好车内秩序，照顾好重点旅客。餐车要检查餐料储备情况，不足时，应与车站联系补充。

列车要召开“三乘”联系会议，做好分工负责。因自然灾害危及列车或旅客安全需要疏散旅客时，列车长应征得客运调度同意。

十、发现旅客在区间坠车时的处理

发现旅客在区间坠车时应当立即停车处理（特快列车不危及本列车安全时除外），在不具停车条件或延迟发现时，列车长应当通过运转车长通知就近车站派人寻找。同时，列车长应在前方停车站拍发电报，向事故发生地所属铁路局和列车所属段、铁路局的主管部门报告。

十一、发生旅客人身伤害事故的处理

发生旅客人身伤害事故时，列车长应当同铁路公安部门及时勘查事故现场，检查旅客所持车票的票种、票号、发到站、车次、有效期及加剪情况等；收集不少于两份同行人或见证人的证言和有关证据并保护好证据材料。收集证人证言时，应当记录证人姓名、性别、年龄、地址、联系方式、身份证号码等内容。证言、证据应当准确、真实并能够证明发生的过程和原因。

十二、列车上发生旅客人身伤害事故如何进行移交

列车上发生旅客人身伤害事故时，应当将受伤旅客移交三等以上车站（在区间停车处理时为就近车站）处理，车站不得拒绝受理。列车向车站办理移交手续时，编制客运记录一式两份（一份存查，一份办理站、车交接），连同车票、旅客随身携带品清单、证据材料一起移交，旅客人身伤害事故系因斗殴等治安或刑事案件所致，列车乘警应在客运记录上签字。

因特殊情况来不及编写客运记录的，列车长必须指派专人下车与车站办理交接，并必须在三日以内向事故处理站补交有关材料。

当次列车因故未能将受伤旅客及有

关材料及时移交，旅客在法定时限内向铁路运输企业索赔且能够证明伤害是在运输过程中发生的，事故发生列车应本着方便旅客的原则，移交旅客就医所在地的车站或旅客发、到站处理，被移交站应当受理。

十三、旅客列车上发生突发性治安事件的处理

旅客列车发生突发性治安事件时，车厢乘务员要采取积极果断措施，努力控制事态发展，邻近车厢乘务员要立即以传递方式报告列车长、乘警。列车长、乘警接到报告后，要立即赶赴现场，采取紧急处理措施，维护好车内秩序，防止事态扩大，并做好调查取证工作。发生重大治安事件，由公安机关按照突发事件处置预案进行处置。客运部

门可使用电报或其他方式向客运主管部门报告。在治安事件中受到伤害的旅客，站车工作人员应积极采取措施抢救。列车上可通过列车广播，寻找旅客中的医务工作人员协助治疗。旅客人身伤害系因斗殴等治安或刑事案件所致，列车乘警应在客运记录上签字。

十四、旅客列车发生旅客食物中毒和检疫传染病情的处理

列车上发生 3 人以上的食物中毒或疑似食物中毒时，发现鼠疫、霍乱等检疫传染病病人、病原携带者和疑似检疫传染病病人时，列车长应组织做好以下工作，及时报告。发生上述食物中毒和检疫传染病疫情，列车长要立即向前方停车站报告，并做好相关记录。前方停车站接到报告后，要立即向辖区铁路卫生防疫部门及有关铁路局卫生、客运主管部门报告。怀疑投毒所致食物中毒时，还应同时向铁路公安机关报告。报告、记录的内容包括：车次、时间、地点、病人的主要症状、体征、发病人数、发病时间、旅客到站、所在车厢和密切接触者人数等。

现场应急处理。列车可通过广播寻找医生协助抢救治疗。发生食物中毒时，如不能排除食物中毒是列车供应食品所致，要立即停止餐车和商品供应活动，保留造成食物中毒或可能导致食物中毒的食物及原材料、工具、设备和现场，并及时将中毒者交前方有医院所在地的车站进行抢救治疗。发生传染病疫情时要立即对检疫传染病病人、病原携带者、疑似检疫传染病病人和密切接触者所在的车厢进行封锁，停止与邻车的通行。同时，将检疫传染病病人、病原携带者和疑似检疫传染病病人隔离在车厢另一端，进行治疗。发生霍乱疫情时，还应提供专用吞泻容器，并封锁被污染厕所。根据上级指示，在指定车站向铁路卫生防疫机构或临时交通检疫站移交上述隔离人员，协助调查取证。待卫生监督人员查验后，列车长要积极配合有关部门和公安人员调查取证。

十五、旅客列车上旅客突发疾病的处理

列车上旅客突发疾病，可通过广播在旅客中寻找医务人员，协助治疗。如不能继续旅行时，列车长要按规定编制客运记录，交前方三等以上车站或有医院车站抢救治疗。如遇危重病人，而列车距离前方停车站较远，可通过运转车

长向列车调度请求，建议送就近有医院所在地的车站下车抢救。

十六、旅客列车在运行中出现紧急制动时的处理

当班的列车长必须从头到尾全列车进行一次检查巡视，检查车内有无旅客伤害，行李车行包有无破损，有无其他意想不到的事情发生，车厢内设备设施有无损坏（特别是安全方面设备、设施），以便及时采取措施妥善处理。如发生人身伤害或行包损坏及其他需要证实的情况时，必须请值乘的运转车长在编制的客运记录上签字证明。

十七、旅客列车上发现行为异常的旅客乘车时的处理

1. 列车内发现有护送的行为异常

旅客乘车时：

（1）列车长得知信息后，应及时通知乘警并赶到现场了解情况；

（2）告诫提醒同行人加强监护和护理，并向其介绍安全注意事项，车厢列车员应协助护送人员防止发生意外；

（3）托付周围旅客协助监护；

（4）必要时动员同行人将生病旅客带下车到医院进行治疗，治愈后再继续旅行。

2. 列车内发现无人护送的行为异常旅客乘车时：

（1）列车长应指派专人看护，公安人员应予协助；

（2）列车工作人员应主动地关心和照顾，并请周围旅客协助监护及支持理解我们的工作；

（3）严禁将行为异常的旅客带到

餐车监护；

（4）移交到站或换车站处理。

3. 对无人护送有票行为异常人员（能判明系精神病旅客）应严禁乘车；无票的必须堵在车下，禁止上车；已上车的列车长应指派专人看护，公安人员应予协助，移交到站或换车站处理。

4. 在列车上发现行为异常的旅客时，列车工作人员应主动地关心照顾，安慰、监控、防止发生意外事故。对行为异常旅客的随身携带物品和车票及贵重物品，应交由同行人代为保管（建立清单一式两份，经同行人签字认定，一份交同行人，一份由列车保存），如没有同行人，列车代为保管时必须由乘警、旅客参与见证及在清单上签认。

5. 行为异常旅客如无对他人造成伤害的举动现象时，切忌对其采取捆绑或约束的举措，如出现暴力行为须采取措施时，必须要收集3人以上的证言材料。

十八、旅客在列车上因病死亡的处理

1. 列车长、乘警必须立即赶到现场了解情况配合抢救；

2. 立即通过列车广播寻求医务人员进行会诊抢救；

3. 经医务人员会诊确认抢救无效死亡时，应及时收集在场旅客的旁证材料，不少于两份以上（包括在场医务人员的材料）；

4. 会同乘警或同行人及在场的一至两位旅客清点死亡旅客的遗物，并编制“遗物清单”（在场参与人员应在清单上面签字及留下单位住址、通讯方式）随同移交死亡旅客遗体的“客运记录”（在记录上注明）”移交三等以上的车站处理（如有同行人，在“客运记录”上也注明）。

十九、列车运行中飞石击伤旅客的处理

1. 列车长、乘警应立即赶到现场查看伤情，对旅客受伤害旅客进行安慰；

2. 进行医疗处置，必要时通过广播寻找医务人员进行医疗急救；

3. 了解情况，收集旅客的旁证材料；

4. 编制“客运记录”移交有医院所在地的车站进行治疗处理，如有同行人时，应在“记录”上注明；

5. 向事故发生地管辖区域的车站

派出所拍发事故电报。主送：派出所，抄送派出所的上级公安部门，所属铁路局的综合治理办公室，事故发生地的铁路局客调，接受治疗伤者的车站和车务段，担当列车所属铁路局客运处、乘警队、车辆段（有车辆被损时）、客运段。

复习思考题

1. 旅客列车发生火灾爆炸事故如何处理？

2. 列车初期火情应如何处理？

3. 行李车发生超载、偏载应如何处理？

4. 旅客列车因自动制动机故障需要就地停车时如何处理？

5. 列车上发生旅客人身伤害事故

如何进行移交？

6. 旅客列车在运行中出现紧急制动时，列车长应该做什么？

7. 旅客因病在列车上死亡，列车长应如何处理？

8. 旅客列车上发生突发性治安事件应如何处理？